A Source-Book of *Seið*

The Corpus of Old Icelandic Texts Dealing with *Seið*
and Related Words

Edited and Translated
by
Stephen E. Flowers
and
James A. Chisholm

Published by
LODESTAR
P.O. Box 16
Bastrop, Texas 78602

www.seekthemystery.com

Introduction

The topic of *seið* holds a fascination for all who come across it. It is widely thought of as a form of Norse *shamanism*. This is not exactly true, but the practice of *seið* does contain many characteristics similar to shamanism. *Seið* is also popularly attached to ideas of sexual magic. Again, sexual aspects can be a component of *seið*, but they are not necessary. The reasons for all of these associations will become apparent to anyone who reads through the passages of this book. In truth *seið* is a complex form of magic, peculiar to the Scandinavians. It was certainly also exported to all the regions inhabited by the Norse in Britain and elsewhere.

This book has its origins in the attempt to gather all of the passages in the literature of Scandinavian origin which uses the technical term *seið* to describe a magical practice. Also included are some passages in other languages (Latin and Arabic) in which techniques are described which, given what we learn from the Norse sources, must be describing *seið*.

The idea behind the book is that because *seið* is such a tricky and elusive subject — due in part to the intrinsic difficulty of understanding archaic magical practices and in part to the willingness of modern reconstructionists to supply what are thought to be "missing parts" of a "Norse shamanism" based on exotic cultural features — what is needed is some bedrock information. Many of those who would "reconstruct" the practice of *seið* merely dress up what they are already doing in some modern practice of neo-shamanism with "Norse trappings" and call it *seið*. We do know quite a bit about the practice of *seið*– and what we know for sure is collected in this book. From these practical hints, experimental and experiential forms of practice can be undertaken. this book is then the foundation document for the *Seið*-NetWork of the Rune-Gild, a special interest group within the Gild for the experiential exploration of the techniques of *seið*.

Many of the texts contained in this work were first translated by James A. Chisholm and published in *Idunna*, the journal of the Ring of Troth. the ultimate source for the basic collection of texts is Dag Strömbäck's classic study *Sejd*. These texts have subsequently been reedited and the texts in the original languages supplied and edited by Stephen Flowers.

It should be noted that the translations are intended to be literal so as to give the reader the best sense of the technical terminology and its context. Original Old Norse words and phrases indicating magical technology have been systematically included in the translations. Where manuscript variations occur, with reference to the technical terminology, these too have been noted in brackets with the note "MS var." = "manuscript variation."

Translations of Original Texts

From the *Elder Edda*

(1) "Völuspá" 21-22

I recall the world's first war
there they stabbed Gullveig with spears
and burned her in Hár's hall
thrice they burned her
thrice she was born.
It happened often, yet she still lives.

They called her Heið
who came to houses,
a seeress [*völva*] to prophesy [*spá*] well,
she knew gand-magic [*gandar*]
she worked sorcery [*seið*] as she knew how,
she worked sorcery [*seið*] playing with minds,
she was always dear
to evil women.

(2) "Lokasenna" 23-24

Óðinn said:
  If I have given victory to those
  to whom I should not have, to lesser men,
  you know that for eight winters
  you were under the earth
  giving milk as a cow or woman,
  and you bore babies
  I think these were womanish ways [*argr*].
Loki said:
  But they said you worked sorcery [*síða*]
  on Sám's Isle,
  and you struck on a chest [~ shrine] like a seeress [*völva*],
  in the form of a magician [*vitki*]
  you fared among men,
  I think that these were womanish ways [*argr*].

1

All the seeresses [*völvur*] came
from Viðólfr
all magicians [*vitkar*]
from Vilmeiðr
but the users of sorcery [*seiðberendr*]
from Svarthöfði,
and all the etins [*jötnar*]
from Ymir.

From Skaldic Poetry

(4) Kormak's "Sigurðsdrápa" 3

Yggr worked sorcery on [*seið til*] Rind.

From Prose Works
(5) *Ynglingasaga*
Chapter 4

Freyja was the daughter of Njörðr. She was priestess at sacrifices [*blótgyðja*]. She first taught the Æsir sorcery [*seið*], such as was practiced by the Vanir.

Chapter 7

Óðinn had the skill, that brings greatest power, and worked it himself. It is called *seið*, and by means of it he could know the fate [*ørlög*] of men and foretell events that had not yet come to pass. He could work the death of men or loss of luck [*hamingja*] or sickness. So also could he take the wits and strength from some people and give it to others. But this magic [*fjölkyngi*], as it is worked, involves such great perversity [*ergi*] that it is thought by manly men to be most shameful to practice it, and this art was taught to priestesses [*gyðjur*].

Chapter 13

Vanlandi. . . wintered in Finland with Snær (= "snow") the Old and married his daughter, Drífa (= "snow-drift). He fared away in the spring, and swore to come back in three winters, but did not return in ten years. Then Drífa sent Huld to the sorceress [*seiðkona*]

2

and sent Visbur, her son by Vanlandi, back to Finland or kill him. When she worked her *seið,* Vanland was at Uppsala. Then he wished to go to Finland, but his friends and redesmen stopped him and told him that Finnish magic [*fjölkyngi*] cause his desire. Then he grew sleepy-headed and laid himself down to sleep. When he had been asleep only a little while he called out and said that a nightmare [*mara*] trod on his legs so that they nearly broke; and when they seized his feet it pressed down on his head so that he died. The Swedes burned him by a river called Skuta and there they erected memorial stones for him. As says Þjoðolf of Hvinir:

A vile witch [*vitta vettr*]
caused Vanlandi
to visit
Víli's brother (= fire)
when that trod
the troll-woman,
wicked wench,
the warrior king;
was burned
on the bank of Skuta,
noble prince whom
the nightmare killed.

(6) *Historia Norwegiae* (98)
Latin

This Wanlanda was killed by suffocation in his sleep by a demon. This kind of demon is known in Norwegian speech as a night-mare (*mara*).

(7) *Ynglingasaga*
Chapter 14

Visbur had a son called Domaldi whose stepmother worked sorcery [*lét síða*] to inflict ill-luck upon him. . . Then sorcery [*seið*] was undertaken and worked [*siðit*] so that they would be able to slay their father. Huld the seeress [*völva*] then told them that she would work such sorcery [*síða*], but that ever after there would be slaughter among kinsmen in the Skylding family. They agreed to that. After that they summoned a host, went to Visbur unawares in the night and burned him in his hall.

3

(8) *Ynglingasaga*
Chapter 22

[Relating to king Hugleikr]. . .he had with him sorcerers [*seiðmenn*] and all kinds of people skilled in magic [*fjölkunnigr*].

(9) *Saga of Herald Fairhair*
Chapter 34
(= *Heimskringla* I:49)

Rognvald Rettilbeini had Hathaland. He learned magic [*fjölkyngi*] and made himself a sorcerer [*seiðmaðr*]. King Haraldr thought badly of sorcerers [*seiðmenn*]. In Hordaland there was a sorcerer [*seiðmaðr*] named Vitgeir. The king sent word to him and asked him to stop the sorcery [*seið*]. He answered saying:

It harms little	that we use sorcery [*vér síðim*]
we farmers' children	and old women.
Since Rognvald does,	Rettilbeini,
high-born Haraldsson	in Hathaland.

But when King Harlaldr heard this spoken, Erik-Bloodaxe with his consent proceeded to the Uppland district and to Hathaland. He burned his brother Rognvaldr along with eighty sorcerers [*seiðmenn*] in his hall, and people praised this deed greatly.

(10) *Ágrip*

Ragnvaldr. . .he was called a sorcerer [*seiðmaðr*], that is, a prophet [*spámaðr*], and lived in Hathaland worked sorcery [*síddi*] and was called a vile wizard [*skratti*].

(Latin sources indicate merely that Ragnvaldr practiced "ignominious magic.")

(11) *Norges gamle Love* I:383
Norway's Old Law

No man shall have in his house a stave [*stafr*] or altar [*stalli*] or witchcraft [*vitt*] or sacrifice [*blót*] or anything that is known to be heathen custom.

(12) *Landnámabók*
1925, p. 84

Geirr was a wealthy man in Sogn, he was called Végeirr (i.e. "Holy-Geirr") because he was a great sacrificer [*blótmaðr*].

(13) *Saga of Hákon the Good*
Chapter 12
. . . by sorcery they put [*létu síða*] the intelligence [*vit*] of three men into the dog. He barked twice but spoke every third word.

(14) *Saga of Olaf Tryggvason*
Chapter 62
King Olaf traveled to Tunsberg and held a thing and declared that all those men who were known by true words to work with magical incantations [*galdrar*], magical workings [*gørningar*], or to be sorcerers [*seiðmenn*] should leave the land. Then King Olaf had the houses of these men ransacked and bade them all appear before him. Among them was one man called Eyvindr Kelda. He was the son of Ragnvaldr Rettilbeini, son of Harlaldr Fairhair. Eyvindr was a sorcerer [*seiðmaðr*] and very well versed in magic [*fjölkyngi*]. King Olaf had them all put in one room and had them well entertained. He had a feast and strong drink readied for them. When they were very drunk, Olaf had fire set to the room and burned al the people inside, except Eyvindr Kelda, who got away through the louver.
Chapter 63
That same night Eyvindr Kelda came to the island with a fully manned longship. They were all sorcerers [*seiðmenn*] and men skilled in magic [*fjölkyngi*]. Eyvindr went away from the ship and the crew to work his magic [*fjölkyngi*]. He worked up for them such great darkness and fog that the king and his army were unable to see them. When they neared the dwelling on Ogvaldness, the light of day came. But things turned out very differently from what Eyvindr had hoped. As the darkness which he had caused with his magic [*fjölkyngi*] came and surrounded him and his people so that they saw no more with their eyes than the backs of each other's heads and they went in circles, and no one knew where he was. . . When the king's men knew it was Eyvindr they seized him and all his men and led them to the king. . . Then the king had them all carried to the skerries that are covered with water at high-tide, and he had them bound there . . . That place was afterwards called Skrattaskeri.

5

(15) *Saga of Erik the Red*
Chapter 4

At this very time there was a great famine in Greenland. Little was caught by those who went in search of game, some never came back. A woman named Thorbjorg was in the settlement. She was a prophetess [*spákona*] and called the "Little Volva." She had nine sisters, all of whom were prophetesses [*spákonur*]. She was the only one left alive. It was Thorbjorg's custom to go to feasts in the winter, and people invited her to their homes most who wanted foreknowledge of their destiny [*forlög*] or that of the season. Because Thorkell was the leading freeholder, it was thought that he should find out when the hardship that afflicted them would stop. Thorkell bid the prophetess [*spákona*] to his dwelling and a good reception was made for her as was usual when this sort of a woman was received. A high-seat [*hásæti*] was prepared for her and a cushion in which there is supposed to be hen-feathers was set down. When she came in the evening with the man sent to escort her she was attired as follows: She wore a blue cloak with a strap. On the cloak were set precious stones down to the hem. She wore glass beads around her neck. She wore a black lambskin hood that was lined with cat-skin. In her hand she carried a staff [*stafr*] with a knob on it. It was decorated with brass and set with stones under the knob. She wore a touchwood belt and on it was a large skin-pouch in which she kept the talismans [*taufr*] that she needed for her magic [*fróðleikr*]. On her feet she wore hairy calf-skin shoes with long laces. There were large knobs of tin on the ends of the laces. On her hands she wore cat-skin gloves that were white and hairy on the inside.

When she arrived all thought they should give her a fit greeting, which she accepted according to her opinion of each person. Thorkell the farmer took the wise-woman [*vísendakona*] by the hand and led her to the seat which had been prepared for her. He asked her to cast her eyes over his home, household and hearth-fires. She had little to say about anything.

Tables were brought in around evening, and this is what the prophetess [*spákona*] had for her meal: she was given a gruel made from goat's milk, and the main dish of hearts from the various

6

kinds of animals that were available there. She used a brass spoon, and a knife with a walrus-tusk handle bound with two rings of copper; the blade had a broken point.

When the tables had been removed Thorkell went over to Thorbjorg and asked her how she liked his home and people's behavior there, and how soon she would know the answer to his question which everyone wanted to learn. She replied that she would not give any answer until the following morning, when she slept there overnight first.

Late the next day she was supplied with the preparations she needed for performing the sorcery [seiðr]. She asked for the assistance of women who had knowledge [frœði] of the songs known as Varðlokkur which were needed to perform the sorcery [seiðr]. But no such women were available. Then they searched the farm to find out if anyone knew. Then Guðríð said: "I am neither magical [fjölkunnig] nor a wise-woman [vísendakona], but when I was in Iceland my foster-mother Halldís taught me the knowledge [frœði] which she called Varðlokkur. Thorbjorg said, "Then you are the person of knowledge [fróðari] I need." Then Guðríð said, "This is the kind of knowledge [frœði] and procedure [atferli] I want nothing to do with, because I am a Christian woman." "It may well be," said Thorbjorg, "that you could be of help to others over this, and not be any the worse a woman for that. But I shall leave it to Thorkell to provide whatever is required." Thorkell pressed Guðríð hard until she said she would do as he wished.

The women made a ring [hringr] around Thorbjorg who was seated up on the sorcery-platform [seiðhjallr]. Guðríð sang the song so beautifully and well that they were sure they had never heard lovelier signing. The prophetess [spákona] thanked her for the song [kvæði], and said that many spirits [náttúrur] had come to that place, which before had been turned from us and would grant us no obedience, as what had been sung seemed beautiful for them to hear. And now many things are revealed [auðsýnir] to me which were before hidden [duldir] from me and others. I can now say that the famine will not last much longer, and that conditions will improve with the spring; and the epidemic which has persisted for so long will abate sooner than expected. And as for you, Guðríð, I shall reward you at once for the help you have given us, for I can

7

see your whole fate [forlög] with great clarity now. You will make a most distinguished marriage here in Greenland, but it will not last for long, for your paths all lead to Iceland; there you will start a great and eminent family line, and over your progeny there shall shine a bright light [geisli]. And now farewell my daughter."

Afterwards people went up to the wise-woman [vísendakona], each asking her whatever he was most curious to know. She answered them readily, and there were few things that did not turn out as she foretold. After this a messenger arrived form a neighboring farm and she went with him there. Then Thorbjörn was sent for; he refused to remain in the house while such heathenry [heiðni] was being practiced. (All of the major prophesies are said to have turned out.)

(16) Saga of Gísli
Chapter 11

There was a man named Thorgrímr who was called Nef. He dwelled at Nefstead on the east side of the Haukkdale river. He was full of magical workings [gørningar] and magic [fjölkyngi] and was as great a vile wizard [seiðskratti] as could be.

Chapter 18

Now Thorgrímr's wake is drunk, and Bork gives good gifts, for friendship's sake, to many men. The next thing that happens is that Bork pays Thorgrímr Nef to enchant some sorcery [seiddi or magni seið] so that there should be no help for the man who killed Thorgrímr, however much men might want to give help to him, and that there should be no rest for him in the country. In exchange for this (i.e. for the sorcery) he was given a nine-year old ox. Now Thorgrímr hastened to the sorcery [seiðr] and looked to his equipment and made himself a scaffold [hjallr] and worked that magic [fjölkyniliga] with all its obscenity [ergi] and devilry [skelmiskapr].

A manuscript variant of this final passage reads: And then Thorgrímr made himself a sorcery-platform [seiðhjallr] according to the custom that was usual there, and he put every exertion and strength [kraptr] into it.

(17) *Laxdæla Saga*
Chapter 35

There was a man named Kotkell who had come (to Iceland) only a little bit earlier. His wife was named Gríma. Their sons were Hallbjörn Sleekstone-Eye and Stigand. They came from the Hebrides. They were all skilled in magic [*fjölkunnig*] and were great sorcerers [*seiðmenn*]. Hallsteinn the priest [*goði*] took them into his care and settled them at Urdir in Skalmarfjord; their presence there was not well-liked.

. . .

Thórðr now went to Kotkell's farm with his nine men. Kotkell's sons were not at home. Thórðr then summoned Kotkell and Gríma and their sons for magic [*fjölkyngi*] and theft, on pain of outlawry. He referred this case to the Althing and then returned to the boat.

When Thórðr had sailed a short distance from land, Hallbjörn Sleekstone-Eye and Stigandi returned home, and Kotkell told them what had happened. The brothers were furious at this and said no one had ever openly challenged them before so aggressively. The Kotkell erected a large sorcery-platform [*seiðhjallr*] and they all climbed onto it. They [*þau*] sang hard-twisted knowledge [*fræði*] which were incantations [*galdrar*]. Soon there was a great storm. Thórðr Ingunnarson and his companions, who were still at sea, realized that the storm was directed against them. . . . Afterwards a breaker rose close to the land where no man had known one to have risen before, and it stuck the ship so violently that it overturned at once. Thórðr and all his companions drowned there and the ship was smashed to pieces.

Chapter 37

Thorleikr went to find his tenants, Thorkell and Gríma and asked them to do something to humiliate Hrútr. They took him up on this eagerly and said they would be delighted to do it. Thorleikr then went back home. A little later Kotkell and Gríma and their sons set off from home at night time. They climbed onto the roof of Hrútr's house and made great sorcery [*seiðr*] there. When the sound of the sorcery [*seiðlæti*] arose the people inside were at a loss to make out what was going on, but the singing [*kveðandi*] was beautiful to hear. Hrútr alone knew this sound and asked that no one look outside that night. "Let each keep himself awake who can, and no

9

harm will come to us if we do as I tell you. They all went to sleep anyway. Hrútr stayed awake the longest, but he also fell asleep. Hrútr's son was named Kári and he was twelve years old and the most promising of Hrútr's sons. Hrútr loved him very much. Kári hardly slept at all, for it was against him that this sorcery [seiðr] (MS var. leikr, "sport") was directed. He did not feel much at ease. He got up and looked out. He walked into the sorcery [seiðr] and fell down dead. Hrútr woke up in the morning with his household and could not find his son. Then they found him not far from the door. Hrútr was greatly grieved by the loss and had a mound raised over his son.

Chapter 76

It is said that one night young Herdís dreamed that a woman came to her; she was wearing a woven cloak, with her head hooded under a kerchief, and Herdís didn't think she looked very pretty. The woman told her: "Say to your grandmother that I am quite angry with her, for she tumbles about all night on me and lets burning drops fall on me so that I am burning all over. . ."

(Planks were removed from the church floor where Herdís' grandmother was used to kneeling.)

Underneath they found some bones that were blue and evil-looking [illilig] There they also found a brooch and a great sorcery-staff [seiðstafr]. People then knew that this was the grave of some seeress [völva]. The bones were taken far away where people were least likely to pass by.

(18) Vatnsdœla Saga
{Chapter 10}

Ingjaldr and his men worked sorcery [seiðr] according to ancient custom [eptir fornum sið] such that men sought after their fate [forlög] from this. There came a Finnish woman, who was magical [fjölkunnig]. Ingimundr and Grímr came to feast with a great crowd. The Finnish woman was set up high in a splendid manner; to that place people went to inquire [til frétta], each of his concerns, and they asked about their fates [ørlög]. She prophesied [spáði] for each as he came, but there were some who were not pleased. The sworn

10

brothers sat in their beds and did not go to inquire [*til frétta*]. They laid there and thought little of her prophesies [*spár*]. The seeress said: "Why don't the young men ask about their fates [*forlög*], because to me they seem the most noteworthy men among those who are gathered here?" Ingimundr answered: "I do not wish to know my fate [*forlög*] faster than it comes forth, and I don't think my lot in life comes from the roots of your tongue." She answered: "Then I will tell you unasked that you will settle in a land called Iceland where wood does not grow. There you will become a man of rank and grow old. Your family will be large and renowned in that land. . . and it shall happen as I said, for there is a sign [*mark*] of this (i.e. the truth of the prophesy) in that the talisman [*hlutr*] King Haraldr gave to you at Hafrsfjord has now disappeared from your pouch and has gone to the very same place where you will settle, and on the talisman [*hlutr*] (an image of the God) Freyr is marked in silver, and when you raise a homestead there the truth of my words will be proven.

(19) *Landnámabók*
(p. 96)
The same events as reflected in the *Vatndœla saga* passage above are given briefly in the *Landnámabók*:

Heiðr the seeress [*völva*] prophesied [*spáði*] to them all that they would settle in a land that was undiscovered to the west in the sea; but Ingimundr said he would not do this, but the seeress [*völva*] said he would not be able to keep from doing this and that the talisman [*hlutr*] which had disappeared from his pouch also would be found there, where he would dig for the high-seat pillars [*öndvegissúlur*] in that land.

(20) *Njál's Saga*
Chapter 6
She embraced him and kissed him saying: "If I have as much power over you as I think, then this (spell) which I lay on you [*þá legg ek þat á við þik*] that will prevent your ever enjoying the woman in Iceland on whom you have set your heart."

11

Chapter 30
Hallgrímr has a halberd which he has had enchanted [*hefir látit seiða til*] such that no other weapon would ever be able to kill him; and such is the power of its magic that one can foretell when a man is about to be killed by it by the loud ringing noise it makes.

(21) *Egil's Saga*
Chapter 59
So it is said that Gunnhild had sorcery worked [*lét seið efla*, MS var. *magna*] and had it enchanted [*lét seiða*] so that Egill Skallagrímsson would never live peacefully in Iceland until she had seen him.

(22) *Kormak's Saga*
Chapter 5
Thorveig told Kormak "I shall repay you such that you will never enjoy Steigerð.

Chapter 6
That was because Thorveig worked sorcery [*seiddi til*] so that they would not be able to enjoy one another.

(23) *Landnámabók*
Chapter 194
Thuríð Sound-Filler and her son Völu-steinn fared from Halogaland to Iceland and took Bolungavík and dwelt in Vatsness. She was called Sound-Filler because she worked sorcery [*seið* or MS var. *seiddi*] such that during a famine in Halogaland the sound was filled with fish.

(24) *Hrólf kraki's Saga*
Story of Fróði
{Chapter 3}
Then there came a seeress [*völva*] named Heið. King Fróði asked her to use her skill [*at neyta listar*] to find out what she could about the boys and tell him. He made a great feast for her arrival and erected a high sorcery-platform [*seiðhjallr*] for her. The king asked her what she saw that was newsworthy— "Because I know," he said "that now many things will be brought forward to you and I see great good-fortune [*gæfa*] in you, so answer me as soon as you can." The sorceress [*seiðkona*] gaped her jaws asunder and yawned mightily and this poem came from her mouth:

12

Two rest inside   I trust neither,
who by your fireside   sit in splendor.

The king sad: "Who do you mean, the boys, or those who have
helped them?" She answered:

For a long time were   they on Vífils-isle
and there they were called   by the names of dogs:
Hoppr and Hó.

And at that moment Signý threw her a gold ring. She was
pleased with her gift and now wanted to break off. "How did this
happen?" she said, "what I have said is a lie, and all my prophecy
[spádómr] is in error." The king said: "I will torture you to speak if
nothing better will serve your turn, for I know nothing more than
before in such a crowd. And why is Signý not in her seat? Can it
be that the wolves [vargar] are now running with the wolves
[úlfar]?" The king was told that Signý was sick from the smoke that
was coming from the stove. Jarl Sævil asked her to sit up and bear
herself bravely. . .King Fróði pressed the sorceress [seiðkona] hard
and asked her to tell him the truth if she did not want to be
tortured. She yawns [gapa] greatly and with difficulty she spoke this
sorcery [seiðr] in this verse:

I see them sitting   the sons of Hálfdan,
Hróarr and Helgi,   both hale;
they will rob Fróði   of his life.

"Unless they are stopped soon, but that cannot be," she said.
Afterwards she stepped down from the sorcery-platform [seiðhjallr]
and sang:

Piercing are the eyes   of Hamr and Hrani;
they are nobles,   and wondrously brave.

After that the boys ran out of the woods in a great fright. . .
But the seeress [völva] gave them this fortunate counsel [heilráði],
that they should save themselves, as she ran out along the hall.

13

(25) Saxo Grammaticus
Gesta Danorum
Liber VII

The power of her songs was so great that she seemed to be able to see into perplexing affairs however entangled with knots and far away, and to be able to call out to light. She said that a certain Ragnar had in secret prosecuted the raising of them and had called them by the names of dogs to hide that affair.

When the boys found themselves driven from their concealment by the extraordinary force of her songs before by the eyes of the enchantress, they were so horrified about being exposed by this compulsion that they flooded her lap with a shower of gold they had been given by their mentors. Having received the gold she fell into breathlessness as if dead. When asked by her servants about the cause of her sudden fall, she said the flight of the sons of Harald was inscrutable and that their great power was comparable to even her most atrocious songs.

(26) *Hrólf kraki's Saga*
The Battle with Skuld
Chapter 32

Skuld was of the greatest of magical-kind [*galdrakind*] and descended from elves [*af álfum*] on her mother's side.

At this time Skuld gathered to herself all the greatest men and also all the rabble of the nearby districts. This betrayal was kept secret so that King Hrólfr was not aware of any of it, nor did his retinue have any inkling about it, because the greatest magic [*galdrar*] and workings [*gerningar*] were used. Skuld employed the strongest sorcery [*seiðr*] to overcome Hrólfr, her brother, so that in her army were elves [*álfar*], norns [*nornir*], and an untold number of other vile things such that human power [*náttura*] could not stand up to it.

. . .

. . .the bear had now disappeared from the army and the battle started to encumber them. The queen Skuld did not work any tricks [*bragð*] while the bear was in King Hrólf's army, there she sat in

14

ner black tent on her sorcery-platform [*í sínu svarta tjaldi á seiðhjalli sínum*]. But things changed now as dim night follows bright day. King Hrólfr's men now saw a huge boar coming out of King Hjörvarðr's army: it was no smaller than an ox of three years age and was wolf-grey in color an arrow flew from each of his bristles, and in such a sinister fashion he felled King Hrólfr's soldiers in swathes.]

(27) *Nornagestsþáttr*
The Story of Nornagestr
Chapter 11
[Gestr comes to the court of king Óláfr Tryggvason of Norway and tells the king his life story]

"It was, when I was being brought up with my in the place called Græning. My father was a rich man and maintained his dwelling-place in a fine manner. At that time sorceresses [*völvur*] were travelling around the countryside. They were called prophetesses [*spákonur*] and they prophesied [*spáðu*] men's fates [*aldr*]. Therefore people gave them lodgings and prepared feasts [*veizlur*] for them and gave them gifts upon their departure. My father did this too, and they came to his place with their entourage for them to prophesy [*spá*] my fate [*ørlög*]. I was still lying in the crib when they were supposed to speak about my case [*mál*]. There were two candle-lights burning above me. They spoke to me and said I would become a great man of luck [*auðnumaðr*] and more than my forebears or other noble sons there in the country and they said everything should go well for me in every respect. The youngest norn [*norn*] felt herself to have been neglected by the other two because they did not ask for her advice in such a prophesy [*spá*] of great value. Also there was a great crowd of rowdies there that knocked her from her seat [*sæti*] and she fell to the ground.

Because of this she became fiercely angry. She then called out loudly and angrily and asked the others to cease such good utterances about me— "because I assign his fate [*skapa*] that he shall live no longer than that candle, which has been lit near the boy, burns."

15

After this the oldest prophetess [*völva*] took the candle and put it out and asked my mother to keep sit and not to light it until it was the last day of my life. After this the prophetesses [*spákonur*] left and they bound the young norn [*norn*] and took her away as well, and my father gave them good gifts upon their departure. When I grew up my mother gave me this candle for safekeeping. I have it here with me now."

The king said: "Why have you come here to us?"

Gestr answered: "It just occurred to me. I expected there would be some lot of good fortune from you, because you have been praised to me by many good men and wise."

(28) *Friðþjólf's Saga*
Chapter 5

Then they (Helgi and Hálfdan) sent for two sorceresses [*seiðkonur*], Heið and Hamgláma, and gave them money to send weather so strong against Friðþjólfr and his men that they would all die at sea. They worked the sorcery [*efldu seiðinn*], and ascended their platform [*hjallr*] with incantations [*galdrar*] and workings [*gerningum*]. . . And when Friðþjólfr and his men came out of Sogn, they brought against them a sharp wind and a great storm. . .

. . .

A great whale made a ring around the ship, and as I suspected, we came near some land but he wanted to keep us from landing. I do not think that King Helgi is friendly towards us and he will not have sent us any friendly sending [*vinsendinig*]. I see two women on the back of the whale, and they are causing this violent storm with their worst sorcery [*seiðr*] and incantations [*galdrar*]. Now we shall test which is greater: our luck [*hamingja*] or their witchcraft [*trollskapr*]. You two steer as straight as possible and I shall thrash this monster with a club. And he spoke this verse:

> I see troll-women [*trollkonur*]
> two on the wave;
> them has Helgi
> sent to this place.
> Elliði (the ship) shall cut
> them asunder
> in the middle of their backs
> before he crawls from the sea.

16

. . .And then Björn went to the steering, but Friðþjólfr grabbed a
forked pole and ran to the bow and spoke this verse:

Hail Elliði!
Leap onto the wave!
Destroy the troll-women [trollkonur]!
tooth and forehead,
cheeks and jaws,
a foot or both,
of this ogress [flagð]!

Then he shot a pole at one of the two shape-shifters
[hamhleypur] and the prow of Elliði rammed the back of the other
and broke the backs of both. But the whale took a dive and swam
away and they never saw it again.

Concerning the two sisters back at Sogn the saga reports later that:

. . .But when the two sisters were performing sorcery [váru at
seiðnum] they fell from their sorcery-platform [seiðhjallr] and broke
both their backs.

(29) Arrow-Odd's Saga
Chapter 2

A woman was named Heið. She was a seeress [völva] and
sorceress [seiðkona] and she knew unspoken things by means of her
knowledge [fróðleikr]. She travelled widely to feasts, to which
farmers invited her, throughout the land. She told people their fates
[ørlög] and forecasting the weather for the coming winter [vetrarfar]
or other things. She had XXX men with her, VX boys and VX girls.
That was a great band of singers [raddlið], for they were supposed
to be great reciters, as was she. It happened that during her journey
she was near Ingjaldr's farm.

. . .

Now Ásmundr goes with a group of five men and asks the
seeress [völva] to come to Berurjóðr (the name of Ingjaldr's farm).
She accepted this invitation and said she would come, and that same

evening she came with all her retinue [*lið*]. Ingjaldr went to meet her with many people and led her to the hall and there a fair feast was prepared. Odd was in the small stove room and did not want to go into the sight of Heið: "for I never want to sit at table with her." Ingjaldr and the seeress [*völva*] intended to work great sorcery [*seiðr*] in the night [*um nóttina*]. She then went out with her retinue as the others went to sleep, and she worked sorcery [*seiðr*]. IN the morning Ingjaldr went to get news [*til fréttar*] from Heið and he asked her how the sorcery [*seiðr*] had gone. "This is what I think," she said, "that I found out those things that concern you and those things you asked me to foretell." "Then all should go to their seats," said Ingjaldr, "and then each one can go forth to ask his news [*til fréttar*]. And so it was done. Ingjaldr the farmer asked first about the weather and the winter and she told him just as he asked.

(30) *Saga of Olaf Tryggvason*
Þáttr Orms Stórólfssonar
(= *Flateyjarbók* I:521-533)

A man named Virvill rode to a village in Denmark called Vendilskaga. There were the brothers and Veseti on Bornholm. Virvill was a married man and had a son by his wife who was called Ásbjörnn. He was grew up quickly and handsome and ready for achievement. . . . He was called Ásbjörnn the Proud. It was the custom in those days for women called seeresses [*völvur*] to travel over the land to tell people their fates [*ørlög*], the way the year was to go [*árferð*], and other things people wanted to know. This company came to the farmer Virvill's place. It was very pleasing to the seeress [*völva*] there because the feast was the best. When the people came to the seat [*í sæti*] in the evening the seeress [*völva*] was asked about their destinies [*forspár*] she said that Virvill would live there until his old age and would be thought a good farmer. To the young man who sat next to the farmer it was good to hear his fate [*forlög*], because he would travel widely and seem to be the greatest man as he went forth and would achieve many great things and would die of old age if he never went to Norðmer in Norway, or further north for there in that country. Ásbjörnn said: "I don't think I would be any more fey [*feigari*] there than here." "You should not say that which you think," said the seeress [*völva*]. Then

18

a song [ljóð] came from her mouth. . .Afterwards the seeress [völva] was there as long as intended and she departed with good gifts.

Ásbjörnn later says of the prophesy:
   She told me in the form of sorcery [á seiði],
   sang about it continuously,
   that I would be fey
   if I travelled northward to Möre.
   The seeress knows nothing.
   I will yet be happy among men
   in Gautvelldr
   Fiends [gramir] can have her prophesy [spá]!

Ásbjörnn, however, meets his fate to the north on an island off Möre when he is killed by a giant there.

(31) *Göngu-Hrólfs Saga*
Chapter 28

Shortly thereafter twelve men came into the forest, men which Grímr had sent to King Eiríkr. They are from Ormland and are about to work sorcery [at efla seið] on you, Hrólfr and Stefn, such that you two will kill yourselves. Now we will travel, we seven, together against them and see what they are doing. They readied themselves thus, until they came into the forest. They saw a house from which they heard terrible sounds [ill læti], where they were working sorcery [þeir frömdu seiðit]. Then they went into the house and there they saw a high platform [hjal háfan], standing on four pillars [undir fjóra stólpa]. Möndull went under the platform [hjallr] and carved [reist < rísta] staves meant to counteract their sorcery [seiðvillur] and with these the charms [atkvæði] to grapple with the sorcerers [seiðmenn] themselves. Then they went out into the forest and took up their places around the uproar. But the sorcerers [seiðmenn] bolted out so violently that they smashed over the sorcery-platform [seiðhjallr] and they ran from the house bellowing as each went on his way. Some of them ran into the fen or the sea and some over crag and cliff, and they all killed themselves in this way.

19

. . .

Later Möndull explains to Hrólfr that:

...this death was meant for you and Stefn, as you now have
the sheep that they sorcerers [seiðmenn] took.

(32) Sögubrot af Fornkonungum
Harald War-Tooth
FAS I, p. 374

(Concerning Harald War-Tooth): When he was young it was
determined that mighty sorcery [seiðr] would be worked, and it
was enchanted [seidt] for King Haraldr such that iron would not
bite him and so it was after that, and for this reason he did not
carry a shield in battle and he was secure since no weapon could
harm him.

(33) Thorstein's Saga Vikingssonar

Kolr Kroppinbakr had sorcery worked [láta seiða] in order that
no weapon would kill any of his offsprings, other than the sword
Angrvaðill, no iron bit them.

(34) Arrow-Odd's Saga
Chapter 19

They (the Lapps) had sorcery performed [létu seiða] for Ogmundr
such that no iron would bite him without enchantment [atkvæði].

(35) Göngu-Hrólfs Saga
Prolog

In a prolog to this saga in one manuscript there is a passage relevant to the
belief in magic relevant to seiðr.

It is also the nature [náttura] of many foolish men that they only
believe [trúa] in that which they see with their eyes or hear with
their ears, but they don't believe in what seems farfetched to their
natures [náttúrur], such as what might be said about the counsels of
wise men, or the great strength, or the surpassing agility of heroes
[fyrirmenn], and no less also about magical arts [konstir] or magical
trickery [kuklarskapr] and great magic [fjölkyngi], and they could

20

bring it about by sorcery [*seiddu*] that some people would have everlasting bad-luck [*ógæfa*] or death, but to some they would give worldly honor, money and fame.

. .

We will have sorcery worked [*seið efla láta*], and enchant [*seiða*] such that no one will be able to beat Sörkvi, neither in a tournament nor single combat, except he who has the war-gear of King Hreggviðr.

(36) Sturlaugs saga Starfsama
FAS III: 641ff.

So it happened one day that he went away from the hall and down a certain road. He heard the speech of men beneath the earth nearby. He saw the opening to an earth-house [*jarðhús*]. He went down and saw three sorcerers [*seiðmenn*] there. He said: "It is good that we find ourselves here, I shall report you." They said: "Don't do that Framarr! We will work (*vinna*] whatever you want and in whatever way you want." Framarr answered: "You are to put the leprosy [*líkþrá*] of men upon me, but I will nevertheless remain as healthy, as I wish."

(37) Hálfdanar saga Brönufóstra
FAS III: 569; 571

Halfdan meets two trolls named Járnnefr and Sleggja in Bjarmaland and he heard one troll say to the other:

"Sleggja, is anything left. . . of the twenty-five men we summoned by sorcery [*seidda hingat*] last year . . .? . . .Járnnefr enchanted me, and all of us, to this place.

(38) Bárðar saga Snæfellsáss
Chapter 14

(King Ólafr) got the two sorcerers [*seiðmenn*] at Gestr's request, he was named Krókr and she was called Krekja.

(39) Þiðreks saga af Bern
II: 271

We say that she went to practice sorcery [*seiða*], as was done in ancient times when magical women whom we call seeresses [*völvur*] would work sorcery [*seiða* (MS var. *síða*) *seið*]. So powerfully did she work magic [*gerði hon af sér í fjölkyngi*] and witchcraft [*trollskapr*]   that she turned herself by sorcery [*seiddi*] into many kinds of animals: lions, bears and a great flying dragon. . . she herself was like a flying dragon.

(40) *Diplomatarium Islandicum*
II:223
(1281 CE)

. . .if it was well known to men or women that they would enchant [*seiði*] or work witchcraft [*magni troll upp*] to ride men or cattle. And that was truly done. . . then they will fly out upon the sea and sink to the bottom. And the king and bishop will have every penny of their money.

(41) *Færeyinga saga*
Chapter 41
Here Thrandr does dectective work to see how three men died.

Thrandr had a big fire made in the hall and has four lattice doors [*grindr*] with four corners set up. He carved nine lined spaces [*rístr reita*] all the way out from the center of the lattice doors and he set a stool between the fire and the lattice doors. He requested that he not be spoken to, and this was done. Thrandr sat for a while and after an hour had passed a man walked into the hall and he was soaking wet. They recognized him as Einarr from Suðrey. He walked over to the fire and stretched out his hand for a little while and went back out after that. And after another hour another man came into the hall and, he stretched out his hand toward the fire and went out after that. They recognized him as Thorir. Soon after that a third man walked into the hall. This was a huge bloodsoaked man. He had his head in his hand. They all knew that this was Sigmundr Brestisson; he took up a position on the floor for a while, then went out.

(42) *Völsunga Saga*
Chapter 5

And it is said by some people that this same she-wolf [*ylgr*] was the mother of King Siggeir and that she had drawn onto herself this likeness [*liki*] by witchcraft [*trollskapr*] and magic [*fjölkyngi*].

Chapter 7

Now it is to be mentioned how one time when Signý sat in her chamber a sorceress highly skilled in magic [seiðkona fjölkunnig harala mjök] came to her. Signý spoke to her: "I want," she said, "for the two of us to exchange shapes [skipta hömum]." The sorceress [seiðkona] said to her: "It shall be as you wish." And then she did this by her tricks [bregð] and they changed likenesses [liti].

(43) *Mariu Saga*

Then when you are to go out and fight with your enemies, before you do battle, go away from other men and then take those of your thralls with you who are privy to your crime [glœpr] and go to some hidden place [leyndr staðr] in the forest, although it should still be near your stronghold, and spread a bloody ox-hide down on the ground and set yourself upon it and carve nine spaces [reitar] in the ground around you with the point of your sword. Then strengthen yourself with devilish incantations [djölfligar galdrar]. After this set yourself down on your seat [sæti] on the hide, and then the devil [djöfull] will come and tell you how you should proceed with every matter.

(44) *Ibn Fadlan's Travel-Report*
(Arabic)
Sect. 19

Friday in the afternoon they brought the girl to an apparatus (structure) which they had constructed similar to the framework of a gate. She placed both her feet on the palms of the men and thus climbed up on this framework, and spoke her words; then they let her down. Whereupon they had her climb up a second time, and she repeated what she had done the first time, and then they let her down and had her climb up a third time and she again did what she had done the first two times. Then they gave her a hen, she cut the head off and threw (the head) away. She took the hen and laid it in the ship. Thereupon I inquired of the interpreter as to the meaning of her actions. He said: When they had her climb up

23

the first time she said: "Look there! I see my father and mother." the second time she said: "There I see all of my dead ancestors sitting around." The third time she said: "There I see my lord sitting in paradise, and paradise is beautiful and green, and with him are present men and youths (servants); he is calling to me— so take me to him."

Original Texts

Poetic Sources

From the *Elder Edda*

(1) Völuspá 22

Heiði hána hetu
hvars vel spá
seið hon kunni
æ var hon angan

hvars til hvsa kóm
vitti hon ganda
seið hon hug leikinn
illrar brúðar.

(2) Lokasenna 23-24

Óðinn kvað:
  Veiztu ef ek gaf,   þeim er ek gefa né skylda,
      inum slævorum, sigr:
  átta vetr   vartu fyr jörð nedan
      kýr mólkandi ok kona,
      ok hefir þú þar born borit,
      ok hugða ek þat args aðal.

Loki kvað:
  Enn þik síða kóðu   Samseyu í,
      ok draptu á vétt [~vætt] sem völur;
  vitka líki   fortu verþjóð yfir,
      ok hugða ek þat args aðal.

(3) Hynduljóð 33

Eru völur allar
vitkar allir
seiðerendr
jötnar allir

frá Viðúlfvi
frá Vilmeiði
frá Svarthǫfða
frá Ymi komnir.

From Skaldic Poetry

(4) Kormak's "Sigurðsdrápa" 3

seið Yggr til Rindar

From Prose Works

(5) *Ynglingasaga*

Chapter 4

Dóttir Njarðar var Freyja; hon var blótgyðja; hon kendi first með Ásum seið, sem Vönum var títt.

Chapter 7

Óðinn kunni þá íþrótt, er mestr máttr fylgði, ok framði sjálfr, er seið heitir, en af því mátti hann vita ørlög manna ok óorðna hluti, svá ok gera mönnum bana eða óhamingju eða vanheilendi, svá at taka frá mönnum vit eða afl ok gefa öðrum. En þessi fjölkyngi er framið er, fylgir svá mikil ergi, at þótti karlmönnum skammlaust við at fara, ok var gyðjunum kend sú íþrótt.

Chapter 13

Vanlandi. . .þá vetrvist á Finnlandi með Snjá inum gamla ok fekk þar dóttur hans, Drífu. En at vári fór hann á brot, en Drífa var eptir, ok hét hann at koma aptr á þriggja vetra fresti, en hann kom eigi á x. vetrum. Þá sendi Drífa eptir Hluð seiðkonu, en sendi Vísbur, son þeira Vanlanda, til Svíþjóðar. Drífa keypti at Hluð seiðkonu, at hon skyldi síða Vallanda til Finnlandz eða deyða hann at öðrum kosti. En er seiðr var framiðr, var Vanlandi at Upsölum; þá gerði hann fúsan at fara til Finnlandz, en vinir hans ok ráðamenn bönnuðu honum ok sögðu, at vera myndi fjölkyngi Finna í fýsi hans; þá gerðisk honum svefnhöfugt ok lagðisk hann til svefns; en er hann hafði lítt sofnat, kallaði hann ok sagði, at mara trað hann; menn hans fóru til ok vildu hjálpa honum; en er þeir tóku uppi til höfuðsins, þá trað hon fótleggina, svá at nær brotnuðu; þá tóku þeir til fótanna, þá kafði hon höfuðit, svá at þar dó hann. Svíar tóku lík hans ok var hann við á þá, er Skúta hét; þar váru settir bautasteinar hans; svá segir Þjóðólfr:

En á vit	Vilja bróður
Vitta véttr	Vanlanda kom,
þás trollkund	of troða skyldi
liðs grímhildr	ljóna bága,
menglötuðr	es beði Skútu.

(6) *Historia Norwegiae* (98)

Iste (i.e. Swegthir) genuit Walanda, qui in somno a daemone suffocatus interiit, quod genus daemoniorum norwegico sermone mara vocatur.

(7) *Ynglingasaga*
Chapter 14

Vísburr átti son, er Dómaldi hét; stjúpmóðir Dómalda lét síða at honum ógæfu . . . Þá var enn fengit at seið ok siðit til þess, at þeir skyldu mega drepa föður sinn. Þá sagði Hulð völva þeim, at hon myndi svá síða ok þat með, at ættvíg skyldu ávalt vera í ætt þeira Skyldinga síðan; þeir játtu því. Eptir þat sömmuðu þeir liði ok kómu at Vísbur nótt á óvart ok brendu hann inni.

(8) *Ynglingasaga*
Chapter 22

. . .hann hafði ok með sér seiðmenn ok allz konar fjölkunnigt fólk.

(9) *Haralds saga hárfagra*
Chapter 34
(= *Heimskringla* I:49)

Rögnvaldr réttilbeini átti Haðaland; hann nam fjölkyngi ok gerðisk seiðmaðr. Haraldi konungi þóttu illir seiðmenn. Á Hörðalandi var sá seiðmaðr, er hét Vitgeirr; konungr sendi honum orð ok bað hann hætta seið; hann svaraði ok kvað:

þat's vá litil	at vér síðim
karla börn	ok kerlinga,
es Rögnvaldr síðr	réttilbeini,
hróðmögr Haralds,	á Haðalandi.

En er Haraldr konungr heyrði þetta sagt, þá með hans ráði fór Eiríkr blóðøx til Uplanda ok kom á Haðaland. Hann brendi inni Rögnvald bróður sinn með átta tugir seiðmanna, ok var þat verk lofat mjök.

(10) *Ágrip*
(= Altnordische Saga-Bibliothek 18: 3)

Rögnvaldr. . . var hann kallaðr seiðmaðr, þat er spámaðr, ok var staðfastr á Haðalandi ok síddi þar var kallaðr skratti.

(11) *Norges gamle Love* I:383
Norway's Old Law

Engi maðr skal hafa í húsi sínu staf eða stalla, vit(t) eða blót, eða þat er til heiðins siðar veit.

(12) *Landnámabók*
1925, p. 84

Geirr hét maðr ágætr í Sogni, hann var kallaðr Végeirr (~ Vitgeir = "Witchcraft-Geirr"), þvíat hann var blótmaðr mikill.

(13) *Hákonar saga góða*
Chapter 12

. . . þeir létu síða í hundinn þriggja manna vit, ok gó hann til tveggja orða, en mælti it þriðja.

(14) *Saga of Olaf Tryggvason*
Chapter 62

Óláfr konungr fór þá til Túnsbergs ok átti þá enn þing ok talaði á þinginu at þeir menn allir, er kunnir ok sannir yrði at því, at færimeð galdra ok görningar, eða seiðmenn, þá skyldu allir fara af landi á brot. Síðan lét konungr rannsaka eptir þeim mönnum um þær byggðir, er þannug váru í námunda, ok boða þeim öllum til sín En er þeir kómu þar, þá var einn maðr af þeim er nefndr er Eyvindr kelda; hann var sonarsonr Rögnvaldz réttibeina, sonar Haraldaz hárfagra. Eyvindr var seiðmaðr ok allmök fjölkunnigr. Óláf konungr lét skipa þessum mönnum öllum í eina stofu ok lét þar vel um búask, lét gera þeim þar veizlu ok fá þeim sterkan drykk, ok þá er þeir váru druknir, lét Óláfr leggja eld í sofuna ok brann stofa sú ok allt þat fólk, er þar var inni, nema Eyvindr kelda komsk út um ljórann ok svá í brot.

Chapter 63

Þá sömu nótt kom þar við eyna Eyvindr kelda; hann hafði langskip alskipat; váru þat alt seiðmenn ok annat fjölkynngisfólk. Eyvindr gekk upp af skipi ok sveit hans ok mögnuðu fjölkynngi sína. Gerði Eyvindr þeim hulizhjálm ok þokumyrkr svá mikit, at

28

konungr ok lið hans skyldi eigi mega sjá þá. En er þeir kómu mjök
svá til bœjarins á Ögvaldznesi, þá gerðisk ljóss dagr; varð þá mjök
annan veg en Eyvindr hafði ættat; þá kom mjörkvi sá, er hann hafði
gört með fjölkynngi, yfir hann ok hans föruneyti, svá at þeir sá eigi
heldr augum en hnakka, ok fóru alt í hring ok kring. En varðmenn
konungs sá þá hvar þeir fóru, ok vissu eigi, hvat lið þat var . . . En
er konungs-menn kenndu þar Eyvind, þá tóku þeir hann höndum ok
alla þá ok leiddu þá til konungs. . . Síðan lét konungr taka þá alla
ok flytja í flœðisker ok binda þá þar . . . Er þat síðan kallat
Skrattasker.

(15) Eiríks saga rauða

Chapter 4

Í þenna tíma var hallæri mikit á Grœnlandi. Höfðu menn fengit lítit,
þeir sem í veiði-ferð höfðu verit, en sumir eigiaptr komnir. Sú kona
var þar bygð, er Þorbjörg hét, hon var spá-kona; hon var kölluð
Litil-völva. Hon hafði átt sér níu systr, ok váru allar spá-konur, ok
var on ein eptir á lífi. Þat var háttr Þorbjargar á vetrum, at hon fór
á veizlur, ok buðu menn henni heim, mest þeir er forvitni var á um
forlög sín eða árferð; ok með því at Þorkell var þar mestr bóndi ,
þá þótti til hans koma at vita, hvénær létta mundi óárani þessu,
semyfir slóð. Þorkell býðr spákonu þangat, ok er henni búin góð
viðtaka, sem síðr var til, þá er við þess háttar konu skyldi taka. Búit
var henni hásæti ok lagt undir hœgindi; þar skyldi í vera hœnsa-
fiðri. En er hon kom um kveldit ok sá maðr, er ímóti henni var
sendr, þá var hon svá búin, at hon hafði yfir sér tuglamöttul blán,
ok var settr steinum alt í skaut ofan. Hon hafði á hálsi sér glertölur.
Hon hafði á höfði lambskinns-kofra svartan ok við innan kattarskinn
hvítt. Staf hafði hon í hendi, ok var á knappr; hann var búinn
messingu ok settr steinum ofan um knappinn. Hon hafði um sik
hnjósku-linda, ok var þar á skjóðu-pungr mikill; varðveitti hon þar í
taufr, þau er hon þurfti til fróðleiks at hafa. Hon hafði kálfskinns-
skúa loðna á fótum ok í þvengi langa ok sterkliga; látuns knappar
miklir á endunum. Hon hafði á höndum sér katskinns-glófa, ok váru
hvítir innan ok loðnir. Enn er hon kkom inn, þótti öllum mönnum
skylt at velja henni sœmiligar kveðjur; en hon tók því eptir sem
henni váru menn skapfeldir til. Tók Þorkell bóndi í hönd
vísendakonunni, ok leiddi hana til lþess sætis, er henni var búit.
Þorkell bað hana þá renna þar augum yfir hjörð ok hjú ok hýbýli;

29

hon var fámálug um allt. Borð váru upp tekin um kveldit, ok er frá því at segja, at spákonunni var matbúit. Henni var gerr grautr af kiðjamjólk, en til matar henni váru búin hjörtu ór allkonar kvikendum, þeim sem þar váru til. Hon hafði messingar-spón ok kníf tann-skeptan tvíholkaðan af eiri, ok var af brotinn oddrinn. En er borð váru upp tekin, gengr Þorkell bóndi fyrir Þorbjörgu ok spyrr, hversu henni virðiz þar hýbýli eða hættir manna, eða hversu fljótliga hann mun þess víss verða, er hann hefir spurt eptir ok menn vildu vita. Hon kveðz þat ekki mundu upp bera fyrr enn um morguninn, þá er hon hefði sofit þar um nóttina. Enn eptir at áliðinum degi var henni veittr sá umbúningr, sem hon skyldi til at fremja seiðinn. Bað hon fá sér konur þær, sem kynni frœði þat, er þyrfti til seiðinn at fremja ok Varðlokur [MS var. Varðlokkur] heita. Enn þær konur funduz eigi. Þá var at leitat um bœinn, ef nökkur kynni. Þá svarar Guðríðr: hvarki em ek fjölkunnig né vísenda-kona, en þó kendi Halldís fóstra mín mér á Íslandi þat frœði, er hon kallaði Varðlokur [MS var. Varðlokkur]. Þorbjörg svaraði: þá ertu fróðari enn ek ætlaði. Guðríðr segir: þetta er þesskonar frœði ok atferli, at ek ætla í öngum atbeina at vera, þvíat ek em kona kristin. Þorbjörg svarar: svá mælti verða, at þú yrðir mönnum at liði her um, en þú værir þá kona ekki at verri; en við Þorkel met ek at fá þá hluti her til, er þarf. Þorkell herðir nú at Guðríði, enn hon kveðz mundu gera, sem hann vildi. Slógu þá konur hring umhverfis, en Þorbj ̈org uppi á seiðhjallinum. Kvað Guðríðr þá kvæðit svá fagrt ok vel, at eigi þóttiz fyrr heyrt hafa með fegri raust kveðit, sá er þar var. Spákona þakkar henni kvæðit ok kvað margar þær nattúrur hingat at hafa sótt ok þótti fagrt at heyra þat er kveðit var, er áðr vildi frá oss snúas ok oss öngva hlýðni veita; en mér eru nú margir þeir hlutir auðsýnir, er áðr var bæði ek ok aðrir dulðir. En ek kann þat at segja, at hallæri þetta mun ekki halldallz lengr en í vetr, ok mun batna árangr, sem várar. Sóttarfar þat, sem lengi hefir legit, mun ok batna vánu bráðara. En þér, Guðríðr, skal ek launa í hönd liðsinni þat, sem oss hefir af staðit, því at þín forlög eru mér nú öll gløggsæ. Þat muntu gjaforð fá hér á Grœnlandi er sœmilgast er til, þóat þér verði þat eigi til langæðar, þvíat vegir þínir liggja út til Íslands, ok mun þar koma frá þér ættbogi bæði mikill ok góðr, ok yfir þínum ættkvíslum mun skína bjartr geisli; enda far nú vel ok heil, dóttir mín. Síðan gengu menn at vísendakonunni, ok fretti hverr

30

eptir því, sem mest forvitni var á; var hon ok góð af frásögnum; gekk þat ok lítt í tauma, er hon sagði. Þessu næst var komit eptir henni af öðrum bœ, or fór hon þá þangat. Þá var sent eptir Þorbirni, þvíat hann vildi ekki heima vera, meðan slík heiðni var framin.

(16) Gísla saga Súrssonar
Chapter 11

Maðr hét Þorgrímr ok var kallaðr nef. Hann bjó á Nefstóðum, fyrir innan Haukadalsá. Hann var fullr af gjörningum ok fjölkyngi ok var seiðskratti sem mestr mætti verða.

Chapter 18

Nú er erfi drukkit eptir Þorgrím, ok gefr Baurkr góðar vingjafir mörgum mönnum. Þat er næst til tiðinnda, at Baurkr kaupir at Þorgrími nef, at hann seiddi [MS var. magni] seið, at þeim manni yrði ekki at björg, er Þorgrím hefði vegit, þó at menn vildi duga homum ok hann megi sér hvergi ró eiga á landi. Oxi níu vetra gamall var honum gefinn til þess. Nú flýtr Þorgrímr fram seiðinn ok veitir sér umbund eptir venju sinni ok gørir sér hjall ok fremr hann þetta fjölkyngliga með allri ergi ok skelmiskap [MS var. Ok síðan gerði Þorgrímr sér seiðhjall at þeim sið, er þá var títt, ok lagði hann á þat alla stund ok krapt.]

(17) Laxdæla Saga
Chapter 35

Kotkell hét maðr, er þá hafði út komit fyrir lítlu. Gríma hét kona hans. þeira synir váru Hallbjörn slíkisteinsaugaok Stígandi. Þessir menn váru suðreyskir. Öll váru þau mjök fjölkunnig ok enir mestu seiðmenn. Hallsteinn goði tók við þeim ok setti þau niðr at Urðum í Skálmarfirði, ok var þeira bygð ekki vinsæl.

. . .

Þórðr kom til bœjar Kotkels með tíunda mann. Synir þeira Kotkels váru eigi heima. Síðan stefndi hann þeim Kotkatli ok Grímu ok sonum þeira um þjófnað ok fjölkyngi ok lét varða skóggang. Hann sefndi sökum þeim til alþingis, ok fór til skips eptir þat.

Þá kómu þeir Hallbjörn ok Stígandi heim, er Þórðr var kominn frá landi ok þó skamt; sagði Kotkell þá sonum sínum, hvat þar hafði í gørzk. Þeir brœðr urðu óðir viðþetta ok kváðu menn ekki hafa fyrr gengit í berhögg við þau um svá mikinn fjándskap. Síðan lét

31

Kotkell gera seiðhjall mikinn. Þau fœrðusk þar á upp öll. Þau kváðu þar harðsnúin frœði, þat váru galdrar. Því mest laust á hríð mikilli. Þat fann Þórðr Ingunnarson ok hans förunautar, þar sem hann var á sæ staddr, ok til hans var gørt veðrit. . . Síðan reis boði skamt frá landi, sá er engi maðr munði, at fyrri hefði uppi verit, ok laust skipit, svá at þegar horfði upp kjölrinn. Þar druknaði Þórðr ok allt föruneyti hans.

Chapter 37

Fór Þorleikr nú á fund landseta sinna, Kotkels ok Grímu, ok bað þau gera nökkrun hlut, þann er Hrúti væri svívirðing at. Þau tóku undir þetta léttliga ok kváðusk þess vera albúin. Síðan fer Þorleikr heim. En lítlu síðar gera þau heimanferð sína. Kotkell ok GrEima ok synir þeira; þat var um nótt. Þau fóru á bœ Hrúts ok gerðu þar seið mikinn. En er seiðlætin kómu upp, þá þóttusk þeir eigi skilja, er inni váru, hverju gegna mundi; en fögr var sú kveðandi at heyra. Hrútr einn kendi þessi læti ok bað engan mann út sjá þeiri nótt, — "ok haldi hverr vöku sinni, er má, ok mun oss þá ekki til saka, ef svá er með farit." En þó sofnuðu allir menn. Hrútr vakði lengst, en sofnaði þó. Kári hét son Hrúts. Hann unni honum mikit. Kári sofnaði nær ekki, því at til hans var leikr gørr [MS var. seiðrinn gørr]; honum gerðisk ekki mjök vært. Kári spratt upp ok sá út. Hann gekk á seiðinn ok fell þegar dauðr niðr. Hrútr vaknaði um morgininn ok hans heimamenn ok saknaði sonar síns; fannsk hann ørendr skamt frá durum. Þetta þótti Hrúti enn mesti skaði, ok lét verpa haug eptir Kára.

(18) Vatnsdœla Saga
{Chapter 10}

Þeir Ingjaldr efna þar seið eptir fornum sið til þess at menn leitaði eptir forlögum sínum. Þar var komin finna ein fjölkunnig. Ingimundr ok Grímr kómu til veizlunnar með miklu fjölmenni. Finnan var sett hátt ok búit um hana vegliga; þangat géngu menn til frétta, hverr or sínu rúmi, ok spurðu at ørlögum sínum. Hon spáði hverjum eptir því sem gékk, en þat var nokkut misjafnt, hversu hverjum líknaði. Þeir fóstbræðr sátu í rúmi sínum ok g´´ngu ekki til frétta; þeir lögðu ok engan hug á spár hennar. Völfan mælti: hví spyrja þeir enu ungu menn eigi at forlögum sínum, þvíat mér þikkir þeir merkiligastir menn af þeim, sem hér eru saman komnir? Ingimundr svarar: mér er eigi annara at vita mín forlög en fram

koma, ok ætla ek mitt ráð eigi komit undir þínum tungurótum. HOn
svarar: ek mun þó segja þérúfregit, þú munt byggja land er Ísland
heitir, þat er enn víða úbygt; þar muntu gerast virðingamaðr ok
vrða gamall; þínir ættmenn munu ok magir verða ágætir í því landi.
. . þetta mun fram koma, sem ek segi, ok þat til marks, at hlutr er
horfinn or pússi þínum, sá er Haraldr konungr gaf þér í Hafrsfirði,
ok er hann nú kominn í holt þat, er þú munt byggja, ok er á
hlutnum markaðr Freyr af silfri; ok þú reisir bæ þinn mun saga mín
sannast.

(19) *Landnámabók*
(p. 96)

Heiðr völva spáði þeim öllum at byggja á því landi, er þá var
ófundit vestr í haf; en Ingimundr kvez við því skyldu gera; völvan
sagði hann þat eigi mundu mega ok sagði þat til jartegna, at þá
mundi horfinn hlutr ór pússi hans ok mundi þá finnaz, er hann
grœfi fyrir öndvegissúlum sínum á landinu.

(20) *Njáls Saga*
Chapter 6

Hon tók hendinni um háls honum ok kyssti hann ok mælti: "Ef
ek á svá mikit vald á þér sem ek ætla, þá legg ek þat á við þik, at
þú megir engri munuð fram koma við konu, er þú ætlar þér á
Íslandi at eiga."

Chapter 30

Hallgrímr hefir atgeir þann er hann hefir látit seiða til, at hánum
skal ekki vápn at bana verða nema hann. Þat fylgir ok, at þegar
veit, er víg er vegit með atgeirinum, því at þá syngr í honum áðr
hátt. Svá hefir hann náttúru mikla með sér.

(21) *Egils Saga*
Chapter 59

Svá er sagt, at Gunnhildr lét seið efla [MS var. magna], ok lét þat
seiða, at Egill Skallagrímsson skyldi alldri ró bíða á Íslandi, fyrr en
hon sœi hann.

(22) Kormaks Saga
Chapter 5
Þórveig mælti: "Þat er líkast, at því komir þú á leið, at ek verða heraðflótta, en synir mínir óbættir, en því skal ek þér launa at þú skalt Steingerðar aldri njóta."
Chapter 6
En þat var fyrir þá sök at Þorveig seiddi til at þau skyldi eigi njótaz mega.

(23) Landnámabók
Chapter 194
Þuríðr sundafyllir ok Völu-Steinn son hennar fór af Hálogalandi til Íslands ok nam Bolungarvík, ok bjoggu í Vatsnesi; hon var því kölluð sundafyllir, at hon seið [MS var. seiddi] til þess í hallœri á Hálogalandi at hvert sund var fult af fiskum [MS var. sild].

(24) Hrólfs saga kraka
{Chapter 3}
Völva ein var þar komin, sem Heiðr hét; hana bað Fróði konungr at neyta listar sinnar ok vita; hvat hún kynni at segja til sveinanna; gerði hann þá gilda veizlu í móti henni ok setti hana á seiðhjall einn háan. Konungr spyrr þá, hvat hún sæi til tíðinda— "því at ek veit, sagði hann, at nú mun mart fyrir þik bera, ok sé ek nú mikla gæfu á þér ok svara mér sem skjótast." Seiðkonan slær þá í sundr kjöptunum ok geispar mjök ok varð henni þá ljóð á munni:

Tveir ro inni
trúik hvárigum,
þeirs við elda
ítrir.

Konungr mælti: "hvárt eru þat sveinarnir eða þeir, sem þeim hafa bjargat?" Hún svarar:

Þeirs í Vifilsey
váru lengi
ok hétu þar
hunda nöfnum
[Hoppr ok Hó]

Ok í því kastaði Signý til hennar gullhringi; hún varð glöð við sendingina ok vill nú af bregða. "Huí varð nú svá? sagði hún, ok er

34

þetta lygð ein, er ek segi, ok villiz nú mjök spádómr minn allr."
Konungr mælti: "þik skal pína til sagna, ef þú vilt ekki þiggja hit
betra, ok veit ek nú ekki gjørr en áðr í svá miklu fjölmenni hvat þú
segi, eða hví er Signý ekki í sætti sínu, ok kann vera, at hér ráði
vargar með úlfum." Konungi var sagt, at Signý væri sjúk orðin af
reyk þeim, sem af ofninum legði. Sævill jarl biðr hana sitja upp ok
bera sik hraustliga . . . Fróði konungr herðir nú at seiðkonu fast ok
biðr hana at segja hit sanna, ef hún skuli ekki pínd verða; hún gapir
þá mjök ok verðr erfiðr seiðrinn ok nú kvað hún vísu:

Sék hvar sitja
synir Hálfdanar,
Hróarr ok Helgi,
heilir báðir;
þeir munu Fróða
fjörvi ræna.

Eptir þat hlupu sveinarnir út ok til skógar með mikilli hræzlu. . . En
þat heilræði kendi völvan þeim at þeir skyldu forða sér, þá er hún
hljóp utar eptir höllini.

(25) Saxo Grammaticus
Gesta Danorum
Liber VII

Cuius carminum tanta uis crat, ut rem quantalibet nodorum
consercione perplexam e longinquo soli sibi conspicuam ad contactum
euocare posse uideretur. Hec Regnonem quendam occulte circa illos
educacionis officium peregisse eosque tegende rei gracia caninis
censuisse nominibus astruebat. Qui cum se inusitata carminum
uiolencia latibulis egestos incantantis obtutibus admoueri conspicerent,
ne tam horrende coaccionis imperioproderentur, gremium eius accepti
a tutoribus auri incussione perfundunt. Que, recepto munere,
repentina mori simulacione par exanimi concidit. Perquirentibus
ministris causam tam subiti lapsus inscrutabilem filiorum Haraldi
fugam existere memorabat, quorum eximia uis eciam atrocissimos
carminum temperaret effectus.

35

(26) *Hrólfs saga kraka*
Chapter 32

Á þessarri stundu safnar Skuld saman öllum þeim mönnum, sem mestir váru fyrir sér, ok öllu illþýði af öllum næstu heruðum. Þessum svikum er þó leynt, svá at Hrólfr konungr verðr ekki varr við, ok eigi grunar kappana neitt um þetta, því at þetta váru mestu galdrar ok gerningar; setr Skuld hér til hinn mesta seið, at vinna Hrólf konnung bróður sinn, svá at í fylgd er með henni álfar ok nonir ok annat ótöluligt illþýði, svá at mannlig náttúra má eigi slíkt standaz.

. . .

. . .er þá björninn horfinn burt úr liðinu, ok tekr nú bardaginn at þyngjaz fyrir; hafði Skuld drotning engum brögðum við komit á meðan björninn var í liði Hrólfs konungs þar sem hún sat í sínu svarta tjaldi á seiðhjalli sínum. Skiptir nú svá um, sem dimm nótt komi eptir bjartan dag. Sjá nú menn Hrólfs konungs, hvar kemr fram úr liði Hjörvarðar konungs einn ógurligr galti; hann var eigi minni til sýndar en þrévett naut ok var úlfgrár at lit, ok flýgr ör af hverju hans burstarhári, ok drepr hann hirðmenn Hrólfs konungs hrönnum miðr með fádæmum.

. . . drjúgt er liðit Skuldar, ok grunar mik nú, at þeir dauðu sveimi hér ok rísi upp aptr ok beriz í móti oss.

(27) *Nornagestsþáttr*
The Story of Nornagestr
Chapter 11

Þat var, þá er ek var fæddr up með föður mínum í þeim stað, er Græningr heitir. Faðir minn var ríkr at peningum ok helt ríkuliga herbergi sín. Þar fóru þá um landit völur, er kallaðar váru spákonur ok spáðu mönnum aldr. Því buðu menn þeim ok gerðu þeim veizlur ok gáfu þeim gjafir at skilnaði. Faðir minn gerði ok svá, ok kómu þær til hans með sveit manna, ok skyldu þær spá mér örlög. Lá ek þá í vöggu, er þær skylda tala um mitt mál. Þá brunnu yfir mér tvau kertisljós. Þær mæltu þá til mín ok sögðu mik mikinn auðnumann verða mundu ok meira en aðra mína foreldra eða höfðingja syni þar í landi ok sögðu allt svá skyldu fara um mitt ráð.

In yngsta nonin þóttist of lítils metin hjá hinum tveimr, er þær spurðu hana eigi eftir skíkum spám, er svá váru mikils verðar. ssVar þar ok mikil ribbalda sveit, er henni hratt ór sæti sínu, ok fell hún til jarðar. Af þessu varð hún ákafa stygg. Kallar hún þá hátt ok reiðiliga ok bað hinar hætta svá góðum ummælum við mik, — "því at ek skapa honum þat, at hann skal eigi lifa lengr en kerti þat brennr, er upp er tendrat hjá sveininum."

Eftir þetta tók in ellri völvan kertit ok slökkti ok biðr móður mína varðveita ok kveykja eigi fyrr en á síðasta degi lífs míns. Eftir þetta fóru spákonur í burt ok bundu ina ungu norn ok hafa hana svá í burt, ok gaf faðir minn þeim góðar gjafir at skilnaði. Þá er ek em roskinn maðr, fær móðir mín mér kerti þetta til varðveizlu. Hefi ek þat nú með mér?"

Kongungr mælti: "Hví fórtu nú hingat til vár?"

Gestr svarar: "Þessu sveif mér í skap. Ætlaða ek mik af þér nokkura auðnu hljóta mundu, því at þér hafið fyrir mér verit mjök lofaðir af góðum mönnum ok vitrum."

(28) *Friðþjólfs Saga*
Chapter 5

Síðan sendu þeir eptir seiðkonum tveim, Heiði ok Hamglámu, ok gáfu þeim fé til, at þær sesnsdi veðr svá stórt at Friðþjólfi ok mönnum hans, at þeir týndiz allir í hafi. Þær efldu seiðinn ok fœrðuz á hjallinn með göldrum ok gerningum . . . En er þeir Friðþjólfr kómu út ór Sogni þá gerði at þeim hvast veðr ok storm mikinn. . . .

. . .

Stórhvíli lagðiz í hring um skipit, ok er mér grunr, at vér munum komnir nærri landi einhverju ok mun hann vilja banna oss landit. Hygg ek Helga konung ekki búa við oss vingjarnliga, ok mun hann sent hafa oss enga vinsending. Konur sé ek tvær á baki hvalnum, ok munu þær valda þessum úfriðarstormi með sínum versta seið ok göldrum. Nú skulu vér til reyna, hvárt meira má hamingja vár eða trollskapr þeirra. Ok skulu þit stýra at sem beinast en ek skal með lurkum lemja þessa úvætti. Ok kvað vísu:

Sé ek trollkonur
tvær á baru;
þær hefir Helgi
hingat sendar.
Þeim skal sníða
sundr í miðju
hrygg Elliði
áðr af hafi skríðr.

. . .Ok fór Björn þá undir stjórn, en Friðþjólfr greip fork einn ok
hljóp í framstatninn ok kvað vísu:

Heill Elliði!
Hlauptu á báru!
Brjóttu í trollkonum
tennr ok einni,
kinnr ok kjálka
í konu vándri,
fót eða báða
í flagði þessu!

Síðan skaut hann forkinum at annarri hamhleypunni en barð Elliða
kom á hrygg annarri ok brotnaði hryggrinn í báðum. En hvalrinn
tók kaf ok lagðiz á brott ok sá hann ekki síðan.

. . .

En er þær systr váru at seiðnum, duttu þær ofan af seiðhjallinum,
ok brotnaði hryggrinn í báðum.

(29) *Örvar-Odds Saga*
Chapter 2

Kona er nefnd Heiðr, hon var völva ok seiðkona ok vissi fyrir
úorðna hluti af fróðleik sínum. Hon fór á veizlur víða um landit, er
bœndr buðu henni til; sagði hon mönnum forlög sín ok vetrarfar eða
aðra hluti. Hon hafði meðsér XXX manna, XV sveina ok XV meyjar.
Þat var raddlið mikit, þvíat þar skyldi vera kveðandi mikil, sem hon
var. Svá bar til um ferð hennar, at hon var á veizlu skamt frá
Ingjaldi.

. . .

Nú ferr Ásmundr við inn fimta mann ok býðr völunni á
Berurjóðr;hon tók því vel ok kvez koma mundu, ok þann sama aptan
kemr hon þar með öllu liði sínu. Ingjaldr gengr í mót henni með

jölmenni ok leiðir hana í skála ok efnaz þar veizla fögr. Oddr var í
ítilli stofu ok vildi ekki ganga í sýn við Heiði, "því ek vil ei
samneyta henni." Ingjaldr ok völvan ætluðu til seiðar mikils um
nóttina; gekk hon þá út með liði sínu, er aðrir gengu til svefns, ok
efldi seið. Um morgininn eptir gekk Ingjaldr til frétta við Heiði ok
spurði, hversu seiðrinn hefði gengit. "Þat ætla ek,"segir hon, "at ek
muna vís hafa orðit þeira hluta, er þik varðar ok þér báðuð mik
forvitnaz." "Þá skal skipa í sæti," segir Ingjadr, "ok ganga þaðan sér
hverr til frétta." Nú var svá gørt. Ingjaldr búandi spurði þá fyrst um
veðráttu ok vetr, ok sagði hon slíkt er hann spurði.

(30) **Óláfs Saga Tryggvasonar**
Þáttr Orms Stórólfssonar
(= *Flateyjarbók* I:521-533)

Virvill hét maðr, hann átti at ráða fyrir einu þorpi í Danmörk þá
þar er á Vendilskaga heitir. Þeir váru brœðr ok Veseti í
Borgundarhólmi. Virvill var kvángaðr maðr ok átti einn son við
konu sinni, er Ásbjörnn er nefndr. Hann var snemma mikill ok vænn
ok vel at íþróttum búinn. . . . var hann kallaðr Ásbjörn prúði. Þat
var þá tíðska í þær mundir at konur þær fóru yfir land er völvur
váru kallaðar ok sögðu mönnum fyrir ørlög sín árferð ok áðra hluti,
þá er menn vildu vísir verða. Þessi sveit kóm til Virvils bónda. Var
völvunni þar vel fagnat, þvíat þar var veizla hin besta. En er menn
váru komnir í sæti at Virvill mundi þar til elli búa ok þykkja nýtr
bóndi. En þeim unga manni, er þar sitr hjá þeim bóndi, er gott at
heyra sín forlög, þvíat kann man fara víða ok þykkja þar mestr
maðr, sem þá er hann helzt ok vinna mart til framverka ok verða
ellidauðr, ef hann kemr eigi á Norðmeri í Noregi eðr norðr þaðan í
þat land. "Þat ætla ek," sagði Ásbjörnn, "at ek sé eigi þar feigari en
hér." "Muntu eigi ráða því hvat er þú ætlar," segir völvan. Ok varð
henni þá ljóð á munni. . . . Síðan var völvan þar svá lengi sem ætlat
var ok leyst í burt með góðum gjöfum.

(31) **Göngu-Hrólfs Saga**
Chapter 28

Eru komnir tólf menn í skóginn skamt héðan, er Grímr hefir
sendt Eireki konungi; þeir eru ofan af Ormalandi, ok eru nú at efla
seið, ok skulu seið ætlat ykkr Hrólfi ok Stefni, svá þið skulið sjálfir

drepa ykkr. Nú skulum vér fara 7 saman móti þeim, ok sjá, hvat í gerist. Gerðu þeir nú svá, unst þeir komu í skóginn; sáu þeir hús eitt, var þángat at heyra ill læti, er þeir frömdu seiðit. Gengu þeir inn í húsit, ok sjá hjall háfan, ok undir fjóra stólpa. Möndull fór inn undir hjallinn, ok reist þeim seiðvillur með þeim atkvæðum, at þeim hrifi sjálfum seiðmönnum; gengu þeir síðan út í skóginn, ok námu (staðar) um hríð, en seiðmönnunum brá svá við, at þeir brutu ofan seiðhjallinn, ok hlupu beljandi út af húsinu á sinn veg hverr þeirra, sumir hlupu í fen eða sjó, en sumir fyrir björg ok hamra, ok drápu sik allir með þessum hætti.

. . .

Later Möndull explains to Hrólfr that:

...ykkr Stefni var þessi dauði ætlaðr, sem nú sáuð þér, at seiðmennirnir fengu.

(32) *Sögubrot af Fornkonungum*
Harald War-Tooth
FAS I, p. 374
Er hann var úngr at aldri, þá var þat ráð gert, at aflat var at seið miklum, ok var seidt at Haraldri konungi, at hann skyldi eigi bíta járn, ok svá var síðan, at hann hafði aldregi hlíf í orrostu, ok festi þó eigi vápn á honum.

(33) *Thorstein's Saga Vikingssonar*
Kolr kroppinbakr lét seiða til þess, at ekki vápn skyldi at bana verða öllu hans afsprengi, utan sverðit Ángrvaðill; ekki járn bítr þau annat.

(34) *Arrow-Odd's Saga*
Chapter 19
. . . þeir létu seiða at Ögmundi, svá at hann skyldi engi járn bíta atkvæðalaus

(35) *Göngu-Hrólfs Saga*
Formáli
Er þat ok margra heimskra manna náttúra, at þeir trúa því einn, er þeir sjá sínum augum eðr heyra sínum eyrum, er þeinn þikkir fjarlægt sinni náttúru, svá sem orðit hefir um vitra manna

40

ráðagjörðir eðr mikit afl eðr frábæran léttleika fyrirmanna, svá ok eigi síðr um konstir eðr kuklaraskap ok mikla fjölkyngi, þá þeir seiddu at sumum mönnum æfinliga ógæfu eðr aldrtila, en sumum veraldar virðing, fjár ok metnaðar.

(36) *Sturlaugs saga Starfsama*
FAS III: 641ff.

Svá bar til einn dag, at hann gekk í burt frá hölllunni, ok eptir braut einni; hann heyrði manna mál niðri í jörðinni hjá sér; hann sér jarðhúss munna, ok gengr niðr, ok sér at þar eru seiðmenn þrír. Hann mælti: þat er vel, at vér höfum hér fundizt, ek skal segja eptir yðr. Þeir segja gjör eigi þat, Framarr! Ok munnum við til vinna þat er þú vilt, ok með hverju móti sem þat er. Þá svarar Framarr: þú skalt kasta manna líkþrá á mik, en ek skal þó þegar heill, er ek vil

(37) *Hálfdanar saga Brönufóstra*
FAS III: 569; 571

Halfdan meets two trolls named Járnnefr and Sleggja in Bjarmaland and he heard one troll say to the other:

Er nökkut eptir, Sleggja. . . af þeim hálfum þriðja tigi manna, er ek seidda hingat í fyrra vetr
. . . seiddi Járnnefr mik hingat, ok öll oss.

(38) *Bárðar saga Snæfellsáss*
Chapter 14

Hann fékk honum seiðmenntvá aptir bœn Gests, hét hann Krókr en hon Krekja.

(39) *Þiðreks saga af Bern*
II: 271

Þat köllum vér at hon fœri at seiða svá sem gort var í forneskju at fjölkungar konur þær er vér köllum völur skyldu seiða [MS var. síða] honum seið. Svá mikit gerði hon af sér í fjölkyngi ok trollskap at hon seiddi til sín margskonar dýr: leóna ok björnu ok flugdræka stora. . . hún sjálf var ok sem einn flugdreki.

41

(40) *Diplomatarium Islandicum*
II:223
(1281 CE)

. . .ef þat verðr kent körlum eða konum at þau seiði eða magni troll upp at ríða mönnum eða búfé. Ok verður þat satt gjört. . . þá skal flytja út á sjó ok kökkva til gruna. Ok á kongur ok biskup hvern penning fjár þeirra.

(41) *Færeyinga saga*
Chapter 41
Here Thrandr does dectective work to see how three men died.

Þrándr hafði þá látit gera elda mikla í eldaskála ok grindr fjórar lœtr hann gera með fjórum hornum, ok níu reita rístr Þrándr alla vega út frá grindunum, en hann sez á stól milli elds ok grindanna. Hann biðr þá nú ekki við sik tala, ok þeir gera svá. Þrándr sitr svá um hríð, ok er stund leið, þá gengr maðr inn í eladaskálann ok var allr alvátr; þeir kenna manninn, at þar var Einarr suðreyingr; hann gengr at eldinum ok réttir at hendr sínar ok lítla hríð ok snýr út eptir þat. Ok er stund líðr, gengr maðr inn í eldahúsit; hann gengr at eldi ok réttir til hendr sínar ok gengr út síðan; þeir kendu at þar var Þórir. Brátt eptir þetta gengr hinn þriði maðr í eldaskálann; þessi var mikill maðr ok mjök blóðugr; hann hafði höfuðit í handi sér. Þenna kenna þeir allir, at þar var Sigmundr Brestisson; hann nemr staðar nökkura stund á gólfinu ok gengr út síðan.

(42) *Völsunga Saga*
Chapter 5
En þat er sögn sumra manna, at sú in sama ylgr væri móðir Siggeirs konungs, ok hafi hon brugðit á sik þessu liki fyrir trollskapar sakir ok fjölkyngi.

Chapter 7
Þess er nú við getit eitthvert sinn, þá er Signý sat í skemmu sinni, at þar kom til hennar ein seiðkona fjölkunnig harla mjök; þá talar Signý við hana: "þat vilda ek," segir hon, "at vit skiptum hömum"; hon segir seiðkonan: "þú skalt fyrir ráða"; ok nú gerir hon svá af sinum brögðum, at þær skipta litum. . .

(43) *Mariu Saga*

Þá er þú skalt fara at berjaz við óvini þína, fyrr en þú takir til orrostu, þá ferr þú á brot frá öðrum mönnum ok þræll þinn með þér, sá er samvitandi er glœps þíns, til skógar í einnhvern leyndan stað, ok þó nær borg þinni, ok lœtr þú þar breiða niðr uxahúð blóðga, ok sezt þar yfir ofan sjálfr ok rístr umhverfis á jörðunni hjá þér með blóðrefi sverðs þíns níu reita, ok magnar þú með djöfuligum göldrum. Ok eptir þat seztu niðr í sæti þitt yfir húðina, ok þá kemr djöfull ok segir þér, hversu þú skalt með hverigu fara.

(44) *Ibn Fadlan's Travel-Report*
(Arabic)
Sect. 19

فلما كان وقت العصر من يوم الجمعة جاءوا بالجارية الى شى

.علوه"' مثل ملبن، الباب فوضعت رجلها على اكف الرجال

واشرفت على ذلك الملبن وتكلمت بكلام لها فانزلوها ثم

اصعدوها الثانية ففعلت كفعلها فى المرة الاولى ثم انزلوها

واصعدوها ثالثة ففعلت فعلها فى المرتين ثم دفعوا اليها"' دجاجة

فقطعت راسها ورمت به فاخذوا الدجاجة فالقوها فى السفينة

فسألت الترجمان عن فعلها فقال قالت فى المرة الاولى هوذا ارى

ابى وامى'' وقالت فى المرة الثانية هوذا ارى جميع قرابائى الموتى

قعودا وقالت فى المرة الثالثة هوذا مولاى قاعد"' فى الجنة والجنة

حسنة خضرا ومعه الرجال والغلمان وهو يدعوى فادخلوا بى

43

The Vocabulary of *Seiðr*

seið(r), m. gen. *seiðs* or *seiðar*: "sorcery."

síða st. I (*síð; seið, siðum, siðinn*): "to work sorcery."

seiða wk v. (*-dda, ddr*): "to work sorcery"; *seiða seið* "to work sorcery."

seiðberendr, m. pl. "sorcerers" (i.e. those bearing *seið*).

seiðgaldr m. "enchantment by sorcery" trans. from Latin.

seiðhjallr m. "sorcery-platform."

seiðkona/ seiðmaðr f./m. "sorceress/sorcerer."

seiðlæti n. pl. "sounds heard during the performance of *seiðr*."

seiðmagnan f. "the working of sorcery."

seiðskratti m.: "(vile) wizard, sorcerer."

seiðsla f. = *seiðmagnan*

seiðstaðr m. "place where sorcery is performed."

seiðstafr m.: "a sorcerer's staff."

seiðvilla f.: "staves to counteract sorcery" (*rísta seiðvillur*)

Verbal formulas meaning "to work or perform sorcery":
seiða seið
efla seið
magna seið

Etymology of the Word *Seiðr*

The etymology of the ON word is unknown. The noun *seiðr* appears to be derived from the preterite stem of the strong verb *síða*.

Note: The word *seiðr* can in no way be connected to the English word "seethe." The ON word cognate to "seethe" is *sjóða*, which means "to boil, seethe; forge; brood over s.th. (*sjóða e-t fyrir sér*)" The ON word is a strong verb with the principal parts:

sjóða, sýð; sauð, suðum, soðinn

"to boil, (he) boils; boiled, (we) boiled, pp. boiled"

In the archaic language many words were derived from the principle parts of such strong verbs— either from the *ablaut* series shown here, or from systematically mutated (by the process known as *umlaut*) versions of the stem vowels.

www.ingramcontent.com/pod-product-compliance
Lightning Source LLC
Chambersburg PA
CBHW031141270326
41931CB00007B/651